Valdemir P. Barbosa

Brilhe vossa Luz

Valdemir P. Barbosa

Brilhe vossa Luz

editora Otimismo

Copyright © 2015 by Valdemir P. Barbosa

Todos os direitos reservados:
Editora Otimismo Ltda
SIBS Quadra 3 Conjunto C Lote 26
71736-303 Núcleo Bandeirante - DF
Tel: (61) 33860459
1ª edição

B238 Barbosa, Valdemir Pereira
    Brilhe Vossa Luz/Valdemir Pereira Barbosa
    1ª .Ed. - Brasília: Otimismo, 2015

    224 p.
    ISBN 858652479-0

    1. Mensagens   I. Título
                    CDU 141

Capa: Thais Quintas
Diagramação: Cristina Cardoso

A minha esposa Ana Claudia....

ÍNDICE

Diversidade de Carismas...............14
O Poder da Palavra.....................17
Ventos do Norte 20
Semeadura................................23
No Tempo de Deus 25
Casamento................................28
Paz...31
Pais e Filhos 33
Momentos de Solidão 36
Culpa......................................39
Na Travessia do Vale...................41
Ser Unânimes 44
A Quem Servem?.......................47
Escolhas 50
Inveja......................................53
Necessidade e Consumismo...........59
O inimigo Íntimo........................62
Ganância 65

Casais 67

Ânimo 70

Ser Livre..73

Hora da Mudança.............................76

Cargos 79

Conscientização 82

Casamento II 85

Oportunidades 88

Realizações 91

Amizades..94

Cuidar das Crianças 97

Desprezo 100

Escândalos......................................103

Desate o Nó....................................106

Incoerência "Religiosa" 109

Cura Interior...................................112

Conclusões Precipitadas................115

Calúnias..118

Saúde..120

Família 123

Direitos	126
Dinheiro	129
Não Julgue	132
Dificuldades	135
Ressentimentos	141
Você tem a Chave	144
Ansiedade	147
Caminho de Damasco	150
Cólera	153
Deus está no Comando	156
Conhecimento	159
Melhor Idade	162
Meio Ambiente	165
Criações Mentais	167
Honestidade	170
Autotransformação	173
Sofrimento	176
Mau Humor	179
Aprendizado	182
Metas	185

Chamamento 188
Opiniões 191
Mentiras 194
Arrependimento 197
Estética 200
O Divino Psicólogo 203
Verdadeira Amizade 206
Desafios 209
Lobos Disfarçados 212
Felicidade 215
Perdão 218
Sinais 221

Prezado leitor

> *Assim brilhe vossa luz diante dos homens, para que vejam as vossas boas obras e glorifiquem vosso Pai que está nos céus.*
>
> **Mateus 5:16**

Passamos muito tempo das nossas vidas camuflando o que há de melhor em nós e não nos damos conta de que ela é muito breve, se comparada à Eternidade. Deixamos apagada a luz que existe em nós ou a acendemos de forma tímida, desconfiada e vacilante, impedindo que ela resplandeça como deve resplandecer.

Brilhe vossa luz é um livro que aborda os mais variados temas nas relações e situações humanas. Se preferir poderá abri-lo ao acaso e se surpreenderá, pois a mensagem em que cair, será a que estiver precisando "ouvir", isto é, ler no momento.

O título ora inspirado nas palavras de Jesus vem ao nosso encontro para que possamos explorar as nossas potencialidades internas, ou seja, fazer brilhar do imo da alma a luz que deve alcançar a todos a nossa volta. E, ainda, iluminar a própria existência quando agimos com mais disposição, coragem e amor, transformando os obstáculos em degraus que nos ajudam a subir a escada do crescimento pessoal.

Que sua luz brilhe, tornando a vida repleta em harmonia, autoconhecimento, confiança, amor, equilíbrio e prosperidade em todos os sentidos.

Não veja essas páginas como conselhos, mas como centelhas que acendem a chama para o despertar da consciência, iluminando mente e coração para fazer brilhar a sua luz de forma mais intensa, em demonstração da sua fé e qualidades interiores.

Valdemir Pereira Barbosa

DIVERSIDADE DE CARISMAS

Ainda que eu fale as línguas dos homens e dos anjos, se não tiver amor, serei como o bronze que soa ou como o címbalo que retine [...] se não tiver amor, nada serei.

Coríntios 13:18

Há diversas maneiras de iluminar os corações humanos, mas nenhuma outra forma se compara ao amor exemplificado por Jesus.

O Modelo de toda a humanidade é fonte inspiradora para todos que almejam seguir o caminho do bem. As religiões e filosofias podem ser muitas, mas a vivência da verdadeira religiosidade e espiritualidade se encontra no amor. Ainda que uma delas não seja considerada cristã; se ela prega e vive os ensinamentos do amor, nem por isso deixará de estar ensinando o que o Cristo nos ensinou. É importante não colocar o rótulo religioso acima da mensagem do Bem Supremo, nem interesses pessoais ou políticos diante as causas essencialmente Divinas.

Há uma diversidade de carismas, mas é o Espírito de Deus que as distribui, independentemente, do "selo" religioso. Somos todos filhos do Criador.

Lembremo-nos que religião é uma forma de expressão da espiritualidade de Deus junto aos homens. Contudo cabe a cada um a responsabilidade de vivê-la com amor e sabedoria.

Quando Jesus disse: "Brilhe vossa luz diante dos homens", Ele se referia à chama do amor sem fronteiras, destituído de preconceitos e preferências para vivenciarmos o Bem como ele deve e precisa ser vivenciado.

O PODER DA PALAVRA

Seja, porém, o vosso falar: Sim, sim; Não, não; porque o que passa disto é de procedência maligna.
Mateus 5:37

Existe uma força grandiosa na palavra. Quando expressamos nossos pensamentos ou sentimentos por meio da fala, colocamos uma vibração, uma energia em movimento. E ela tem o poder de abençoar ou amaldiçoar. De que forma você a tem empregado?

Sim, as palavras exercem grande influência em nossa vida e também na vida das pessoas. Ela é uma ponte que nos liga às forças do Bem ou do mal, depende da forma e do teor de como as expressamos.

As mães, por exemplo, têm muita força nas palavras, por isso, você que tem seus filhos, tenha muita cautela com o que diz a eles. Muitas pessoas são "amaldiçoadas" pelos pais sem o saberem, embora muitos rogam praga no momento de uma discussão, na hora do nervosismo, e isso é péssimo.

Abençoe em qualquer circunstância.

Não permita que suas palavras sejam veículos da maldição nem da mágoa ao seu semelhante.

Use o poder da palavra para bendizer a vida, as pessoas, seus negócios, sua saúde física e mental. Utilize-a em seu próprio favor e em benefício daqueles com quem convive.

Jamais pense, nem afirme em voz alta coisas do tipo: Sou um incapaz... Sou um fraco... Não tenho sorte. Usar o dom da fala para fazer afirmações negativas contra si ou contra alguém é desconhecer a força das expressões verbais.

As palavras têm vida e materializam o que é expresso por meio delas. Não maldiga, abençoe sempre.

VENTOS DO NORTE

"E ele, despertando, repreendeu o vento, e disse ao mar: Cala-te, aquieta-te. E o vento se aquietou, e houve grande bonança."

Marcos 4:39

A embarcação seguia em alto mar quando foi surpreendida por uma tempestade, que se formou de maneira repentina. Os tripulantes, apavorados, fizeram de tudo para o barco não afundar.

Num misto de oração e orientações aos companheiros, o capitão mantinha-se firme no leme, enquanto os demais tentavam controlar as velas do barco que parecia estar sendo engolido pelas enormes ondas.

Ele, em voz alta fez uma súplica: "Senhor Não nos deixe perecer, temos uma família para cuidar".

Os fortes ventos que empurravam o barco mar adentro, obrigavam aqueles onze homens a uma luta desesperadora pela vida.

Minutos depois, a tempestade diminui, mas o vento continuou a amedrontar a tripulação, não queria cessar. E na eminência da embarcação se chocar com um rochedo, eis que uma rajada de ventos vinda do norte empurra o barco para o lado oposto, como se estivesse combatendo o vento do sul. E deixa a todos em segurança.

— O que foi isso, capitão? — Indaga um dos tripulantes, entre assustado e surpreso.

— São os ventos do norte, meu amigo... É Deus nos salvando do perigo. Na vida também é assim, quando ventos contrários e temporais passarem por você, peça, creia e lembre-se da benevolência dos ventos do Norte.

SEMEADURA

"Não erreis: Deus não se deixa escarnecer; porque tudo que o homem semear, isso também ceifará"

Gálatas 6:7

A vida é um livro aberto, no qual escrevemos a própria trajetória. Cada ação e atitude que tivermos traçarão o roteiro e o enredo da nossa história.

Ponderar e refletir antes de agirmos nos poupará grandes frustrações e dissabores. Invariavelmente, somos responsáveis por muitas coisas que nos acontecem, tanto de bom quanto de desagradáveis. Isso ocorre porque, na maioria dos casos, não sabemos ou não temos forças para optarmos pelo certo ou pelo errado.

As consequências dos nossos atos terão reflexos hoje ou amanhã, em nossas vidas.

Deus não tem culpa!

Onde se planta ervas daninhas não poderá haver colheita de frutos de boas sementes.

Pelo menos, até que o mal se dissolva e aprendamos com ele a não agirmos mais com imaturidade, como crianças espirituais.

Que no livro da existência você possa escrever coisas boas, positivas, construtivas para você e para outras pessoas. E que as sementes de felicidade possam fazer parte da sua história de vida, e, assim, possa colher bons frutos, dissipando de vez as ervas daninhas da maldade, do pessimismo e do desamor.

NO TEMPO DE DEUS

"Pedi, e dar-se-vos-á; buscai, e encontrareis; batei, e abrir-se-vos-á."

Mateus 7:7

Há quanto tempo espera por uma resposta de uma solução para seus infortúnios?

Para chegar a determinado lugar, às vezes, se faz necessário passar por caminhos pedregosos, em cujo trajeto poderá não haver belas paisagens para alegrar a caminhada. Embora o cenário se mostre diferente do esperado, termine a travessia.

A purificação das nossas máculas, pecados, imperfeições acontece de forma, às vezes, sofredora. Não é o sofrimento que purifica, mas sim o modo como se passa por ele. As transformações que ele provoca em nossa personalidade e em nosso coração.

Não deixe de pedir a Providência Divina aquilo de que tem urgência, inclusive o fim dos seus padecimentos. No tempo certo, Deus fará com que a solução chegue, às vezes, por meios e pessoas inesperadas.

Nada fica sem resposta. E nenhuma busca é em vão. Chegará o dia em que todas as suas preces serão atendidas, porque ouvidas elas já foram.

Acredite nisso!

O que você pedir com fé não será negado. Talvez o que tanto almeja não esteja na hora de chegar até você. É preciso ter paciência, humildade e fazer por merecer. Pode ser que nesse exato momento não esteja de todo preparado para receber o que pede. Nem por isso deixe de acreditar e se preparar para quando chegar a hora, esteja mais ciente do que terá em mãos, em sua vida.

CASAMENTO

"Aonde quer que tu fores, irei eu, e onde quer que pousares á noite, ali pousarei eu. O teu povo será o meu povo, o teu Deus o meu Deus...."

Rute 1:16

Qual é o seu pensamento em relação à união estável, conjugal? Você acredita que casar com alguém é mera formalidade civil e religiosa?

Casais se unem pelos laços do matrimônio, porque existe amor entre os dois. Portanto não deve ser visto como um fardo, um peso para ambos.

Além de outros interesses, casamento deve ser vivido com amor, se ele já existia antes da união, não há porque viver como se fosse uma carga pesada na convivência entre você e seu esposo ou esposa.

Casar-se sem amor, apenas para não ficar sozinho, é viver na solidão afetiva dentro do casamento.

Veja-o como algo sagrado, se imaculado for o amor do casal que se uniu para a vida em comum, na alegria e na tristeza, na vitória e nas derrotas, estruturados no sentimento que os aproximou e os uniu.

"Nem tudo são flores", dirão alguns casais, decepcionados com o casamento. Mas não se esqueça de que as flores também têm seus espinhos. É uma forma de autodefesa, de preservação à sua delicadeza, fragilidade e beleza.

O melhor é manter esse canteiro de flores perfumadas que é a vida

29

conjugal, cercando-o de todos os cuidados sentimentais, materiais ou espirituais para que ele não seja tomado pelo mato da discórdia, da traição e na falta de afeto.

A relação caiu na rotina? Invente outras formas de torná-la mais interessante. Use a criatividade. Não veja o casamento como uma obrigação.

PAZ

"Deixo-vos a paz, a minha paz vos dou"

João14:27

O ser humano vive em busca de três necessidades fundamentais: um grande amor, o dinheiro e a felicidade. Só depois de tê-las conquistado que se dará conta de que falta algo tão mais importante para completar o que conquistou: a paz.

Se você estiver em paz, a corrida pelas outras coisas será mais suave, menos cansativa.

Jesus Cristo disse que não nos dá a paz como o mundo a dá, porque o que o mundo oferece é uma paz transitória, de fora para dentro.

No significado absoluto da palavra, essa harmonia só pode ser encontrada no aconchego dos Seus ensinamentos; é a paz de espírito.

Para viver o amor ao lado de alguém, é preciso estar em paz.

Para gozar as vantagens que o dinheiro proporciona, é necessário ter paz.

E para ser feliz, é indispensável viver em paz. Não há como sentir prazer na vida se o coração estiver atribulado.

Há pessoas que entregariam toda fortuna por um instante de paz. Na ausência da tranquilidade, é improvável que alguém consiga viver e aproveitar bem todas as coisas que conquistou.

Cada um está intimamente ligado ao outro, embora exista quem não tenha dinheiro e viva em paz.

PAIS E FILHOS

"Filho meu, ouve a instrução de teu pai, e não deixes o ensinamento de tua mãe"

Provérbios 1:8

O diálogo entre pais e filhos é a melhor maneira de ambos permanecerem próximos. Essa proximidade, no entanto, não é apenas de morarem debaixo do mesmo teto, mas de estarem intimamente ligados pelos laços de afeição, de amor, como família.

Desde a tenra idade, a educação e a orientação direcionada aos filhos irão moldar o caráter deles, ao ensinar-lhes o que podem, o que devem e o que não devem fazer. Para que, quando estiverem na fase de entender as coisas saibam ter força e consciência do é certo ou errado.

Se você como pai e mãe não for presente na vida do seu filho, com certeza as coisas do mundo lá fora farão o seu papel, mas de forma oposta: dando orientações e apontando caminhos, às vezes, sem volta...

Depois não reclame que em casa tem filhos difíceis, complicados, porque essa dificuldade que encontra hoje na relação com eles, já vem desde as primeiras lições que deveria ter passado a eles, ou seja, na forma como os educou, como vocês se relacionavam.

Ser pai e mãe não é dizer sim para tudo. E também não é só dar coisas materiais, mas sim carinho, compreensão, amor, respeito e atenção. Esse é o ponto alto na relação familiar. Coisas materiais qualquer pessoa poderá dar a eles; amor e orientação segura, não.

MOMENTOS DE SOLIDÃO

"Tendo-as despedido, subiu ao monte para orar à parte. Ao anoitecer, estava ali sozinho."
Mateus 14:23-24

Não feche a sua conexão com o mundo.

A pérola aprisionada na concha não consegue mostrar o seu verdadeiro valor. O isolamento só se faz necessário pelo período que realmente o justifique. Há momentos em que precisamos estar sozinhos para fazer uma reflexão, entretanto sem nos entregarmos à solidão.

Há quem precise da sua companhia, do seu abraço, do seu sorriso e de ouvir sua voz, suas palavras amigas. Decida nesse momento sair da solidão.

Fomos criados por Deus para vivermos em sociedade, porque é interagindo com as pessoas que aprendemos mais sobre elas, sobre a vida e sobre nós mesmos.

Jesus só se isolava para orar, mas sua vida foi marcada pelo contato diário que mantinha com as pessoas.

Quanto mais nos fechamos em nosso próprio universo, deixamos escapar inúmeras oportunidades de aprendizado, aprimoramento, companheirismo e solidariedade.

Isolados do mundo, não progredimos interiormente. É da natureza do espírito humano viver entre os de sua espécie, ainda que a "cultura" apresentada pela sociedade seja viver de forma egoísta, individualista.

Vale a pena estar inserido na sociedade.

CULPA

Declarou Jesus: "Eu também não a condeno. Agora vá e abandone sua vida de pecado"

João 8:11

O que está feito não há como mudar.

Se você se arrependeu de algo que fez, não adianta alimentar culpa em relação ao que já passou.

A culpa só irá retardar a sua marcha rumo à libertação de qualquer mal ou equívoco que tenha cometido.

Arrepender-se é o primeiro passo para a regeneração, para a cura interior. Todos nós cometemos erros, consciente ou inconscientemente, mas convém não persistirmos neles ou no sentimento de culpa.

Já notou que quando carregamos o pesado fardo da autopunição, do remorso, nossa vida parece não caminhar? Nesse momento, acreditamos ser piores do que os outros e tudo fica estagnado.

Não faça isso com você.

Liberte-se desse peso que o mantém no fundo de um pântano sombrio e cheio de amarguras.

Jesus disse ter vindo pelos pecadores, ou seja, para aqueles que precisam curar suas feridas e chagas morais e espirituais. Quando você decide mudar de rumo, quem tem a ganhar é você. Portanto não permita que olhares ou palavras impiedosas de condenação o deixem no catre, no leito doentio da culpa.

Mude a sintonia e se perdoe porque Deus já o perdoou por conhecer a sua sinceridade no arrependimento e mudança de atitudes.

NA TRAVESSIA
DO VALE

"Ainda que eu andasse pelo vale da sombra da morte não temeria mal algum, porque Tu estás comigo..."
Salmo 23:4

A travessia do vale, sob o sol escaldante parecia interminável. Era preciso chegar até o outro lado da montanha, antes que anoitecesse, mas não havia outro caminho mais seguro. O vale era passagem obrigatória.

O grupo de cinco pessoas empreendeu viagem, exposto a algumas adversidades do caminho. Faltava água, o calor era imenso e ainda corria o risco de ser atacado por algum animal faminto.

41

Mas o anoitecer naquela região não demorava a chegar, e, assim, a noite caiu rapidamente.

O cenário do vale havia se transformado, e o medo da escuridão aliado ao barulho estranho que alguns animais provocavam, era um convite ao temor.

Contudo, a fé os motivava a seguir em frente, confiantes que conseguiriam chegar ao seu destino em segurança.

Entre caminhos escarpados e espinhosos, eles conseguiram chegar ao pé da montanha. O primeiro desafio havia sido superado: a travessia do vale.

A segunda etapa da viagem seria escalar a montanha e depois descê-la até a cidade mais próxima.

Se na vida você tem atravessado vales escarpados e quentes ou tenebrosos e escuros, não deixe de contar com a ajuda e a companhia de outras pessoas. Sobretudo, saiba que Deus está com você e não permitirá que nenhum mal lhe aconteça.

SER UNÂNIMES

"Sede unânimes entre vós; não ambicioneis coisas altivas mas acomodai-vos as humildes"
Romanos 12:16

Ninguém consegue fazer tudo sozinho. Jesus, antes de dar início à sua missão, elegeu para Si doze discípulos que após a sua morte e ressurreição, abraçaram o Seu legado de amor, na divulgação da Boa Nova, ainda que de início fosse de modo tímido.

Cooperar tanto quanto receber cooperação de alguém faz parte do processo de construção da solidariedade e do não isolamento. Além de dar e ter a oportunidade de ser útil, em especial, quando o serviço for nobre, visando o bem da coletividade em que está inserido.

Juntos, o plantio se faz mais rápido e a colheita, igualmente, pode ser feita em tempo hábil, antes que os frutos passem do tempo.

O mesmo se aplica às reivindicações, quando isoladas elas não têm a mesma força das que são feitas em maior número de pessoas.

Ser unânimes é fortalecer as possibilidades de êxito em qualquer empreendimento ou situação que exija a união ou participação de todos. Ser unânimes é focar no mesmo objetivo, cada um fazendo a parte que lhe cabe, sem a ambição de ser mais que o outro.

Quantos projetos voltados à sociedade, à religião, à comunidade já se perderam por causa da vaidade de alguns, em querer fazer diferente do que pede a unanimidade de um grupo!

Sejamos unânimes, principalmente nas causas Divinas.

A QUEM SERVEM?

"Acaso busco eu agora a aprovação dos homens ou a de Deus? Ou estou tentando agradar a homens? Se eu ainda estivesse procurando agradar a homens, não seria servo de Cristo"
Gálatas 1:6-10

Responsabilidade, consciência e sinceridade jamais se coadunam, juntam-se com o que não seja digno. É comum, ao observarmos um sem número de pessoas, que ora estão defendendo uma tese, ora de outra. Na realidade, elas estão defendendo mesmo os seus próprios interesses. O fato de estar de um lado agora e do outro depois, evidencia isso.

Afinal, a quem servem?

Infelizmente, encontramos indivíduos com essa natureza ou caráter dentro de círculos religiosos, onde afirmam estarem pregando ou trabalhando pela causa de Deus.

Executam tarefas, buscando a aprovação das pessoas a sua volta, para que os olhares se voltem para seus feitos. Mas e o olhar do Divino Senhor, será que está voltado para tais atitudes? Há aprovação de Deus?

Não foi o próprio Jesus de Nazaré que disse: "Pedro, apascenta minhas ovelhas"? E fazem o contrário, ao criarem situações e ações que deveriam ser em prol do amor ao próximo, que não é outro senão o amor a Deus. Agem de forma que, ao invés de ajuntar, separam as ovelhas - pessoas - do círculo da fé, da religião, independentemente de qual seja ela.

Estes não são servos do Cristo, sim escravos da própria vaidade e prepotência. Investidos que se acham, de toda autoridade que vem do Alto. "Pelos seus sinais os conhecereis", disse Jesus.

49

ESCOLHAS

"Decisões podem te levar para longe de Deus, mas nunca de Seu alcance"

II Timóteo 2:13

Você é quem faz as escolhas. E, para decidir sobre elas, é importante que esteja bem. Decisões tomadas com mente atribulada nem sempre são as mais acertadas. E, sob pressão, o raciocínio lógico fica a desejar em meio às opções, cujo resultado pode ser desastroso.

O que você optou poderá interferir ou irá fazer parte do seu mundo por longo tempo. Se forem boas, ótimo! Mas, se forem equivocadas, terá de conviver com elas até que conserte a situação.

Como saber se são boas ou ruins?

Dependendo de como for, você saberá por antecipação, é só não se deixar enganar.

Às vezes optamos por algo que tanto queremos, mesmo sabendo que não nos fará tão bem quanto desejamos que fizesse. Mesmo assim fazemos a escolha, "acreditando", de fato, que ela nos fará felizes.

Percebemos os riscos e deixamos de olhar com profundidade, razão e coragem em admitir que nem tudo que queremos é o melhor para nós naquele momento. Temos medo de não ter outra oportunidade mais favorável. Medo de não encontrar a pessoa certa. Tememos não ter capacidade para criar situações novas, que nos levem a determinado lugar ou pessoa.

Pondere. Ore e medite.

Deixe ir embora o que ou quem não seja bom para você. Aguarde mais um pouco e não seja feliz só por um momento, mas para sempre.

INVEJA

"Esconde os teus desígnios daqueles que te invejam"
Eclesiástico 37:10

Você acredita ou sabe o que é maldição?

É a ação perniciosa de um "encantamento", por meio da palavra, com o desejo de fazer mal a alguém. A maldição foi mencionada, primeiramente, nas citações bíblicas, como forma de caracterizar algo ruim ou má sorte a quem ela é dirigida.

O mesmo se pode dizer sobre a inveja, que é um sentimento inferior, direcionado por meio do pensamento a outra pessoa. Nesse caso pode não haver o desejo efetivo de fazer mal, mas, pelo sentimento de cobiça em vista da felicidade ou sucesso de alguém, essa criação mental se transforma em uma espécie de "maldição". E, todo pensamento contrário, dependendo de quem o imite, pode interferir na vida de quem ele for endereçado...

Lembre-se de que, por inveja, Jesus foi perseguido e condenado.

Haja sempre com discrição. Não exponha os seus projetos e particularidades, porque existem pessoas que não tiveram as mesmas oportunidades que você, ou não souberam aproveitá-las e agora, convivem com o amargor do "fracasso", cheios de lamúrias e não se sentem felizes com a felicidade alheia.

Infelizmente, existem pessoas que carregam um grande peso na alma, mas se você for alguém de alma serena, conseguirá repudiar tais influências da inveja.

A proteção contra os sentimentos dos invejosos: amor, fé, oração e discrição.

"Seja o que for que lhe cause ressentimentos, não os alimente, porque ressentimento gera mágoa e é importante que você não guarde descontentamento de ninguém."

NECESSIDADE E CONSUMISMO

"Disse, porém, Abraão: Filho, lembra-te de que recebeste os teus bens em tua vida, e Lázaro somente males; e agora este é consolado e tu atormentado"

Lucas 16:25

Viver com equilíbrio não tem sido o propósito na vida de muitos, que se lançam numa corrida desenfreada pela posse de coisas materiais. É louvável o trabalho digno que lhe garante a mesa farta ou, às vezes, escassa; assim como também é louvável adquirir bens que tragam um pouco mais de conforto para sua vivência em família. Isso é natural.

No entanto, deve haver urgência em fazer uma reflexão sobre o que é necessário e o que é supérfluo. Há quem financie um automóvel, mas não "encontra" recursos e disposição para financiar a casa própria. Nada contra quem prefira viver assim. Cada pessoa faz com seu dinheiro o que bem entender. Porém não podemos viver de ilusões, de sonhos superficiais.

As causas dos sofrimentos da humanidade são diversos, contudo existem indivíduos que sofrem desnecessariamente pelo simples fato de quererem além do necessário ao insistir em manter um padrão, o qual não cabe dentro da sua própria realidade atual.

O consumismo tornou-se mais importante que as coisas essenciais para nossa subsistência, ou seja, nossa estabilidade emocional e econômica. "É preciso comprar para mostrar aos outros que pode ter", para conquistar o "respeito e a admiração" deles.

Lamentável engano! Respeito, amizade e amor não se compram. Dão mais valor ao que outros irão ver e pensar, no que se é como pessoa, e as reais necessidades ficam em segundo plano. Ser aceito ou admirado por possuir bens materiais não deveria ser levado em conta.

Não consinta que o mundo lhe dite as regras de como ser, em detrimento das suas verdadeiras necessidades interiores e externas.

O INIMIGO ÍNTIMO

"A candeia do corpo são os olhos, de sorte que, se os teus olhos forem bons, todo o teu corpo terá luz. Se, porém, os teus olhos forem maus, o teu corpo será tenebroso"
Mateus 6:22,23

Em meio à escuridão, aquele que acende um palito de fósforo é o primeiro a se iluminar.

Mas há uma luz imperceptível aos olhos comuns que brilha de forma a transformar o caminho de quem a carrega consigo: a luz que irradia do coração e se reflete nos olhos.

O olhar que transmite paz e amor tem uma luz toda especial. É próprio de pessoas que, interiormente, mantêm uma atitude mental e emocionalmente positiva. O mesmo não se aplica àqueles que trazem dentro do peito um favo de mágoas, rancor, ódio e pessimismo, onde alimentam as vespas da discórdia, da inimizade.

Veem o semelhante como seu inimigo, sendo que o inimigo verdadeiro encontra-se dentro de si, na intimidade dos seus corações enrijecidos pela maldade.

Quando há ausência de luz interior, a indiferença, o individualismo e a falta de amor são encobertos pela escuridão desses e de outros sentimentos egoístas.

O que muitas vezes nos causa mal-estar emocional são os acúmulos de pensamentos e sentimentos negativos que alimentamos.

Queimamos nossos corações em brasas de ódio depois de alimentarmos as labaredas da discórdia e da falta amor ao nosso semelhante.

GANÂNCIA

"O governante sem discernimento aumenta as opressões, mas os que odeiam o ganho desonesto prolongarão o seu governo."
Provérbios 28:16

Almejar melhorias, querer progredir em todos os sentidos, é saudável.

O homem precisa de um pouco de ambição, do contrário, ele não sairia do lugar, não evoluiria.

Embora tenha uma conotação, às vezes, pejorativa, desfavorável, a ambição é um impulso para atingir objetivos.

A ambição é diferente da ganância, pois o homem ganancioso não consegue medir a extensão dos seus impulsos do tudo ter.

Ser ganancioso, querer além das suas possibilidades ou necessidades, aí já é ambição desmedida, cobiça ou avareza pelo poder.

Sonhar alto demais pode nublar o raciocínio lógico, faz perder a razão e ensandecer o espírito.

A avidez leva à cegueira espiritual.

Alçar voos rumo ao progresso em seus variados aspectos é da natureza humana. Contudo, fique atento e saiba onde está pondo o seu coração ou, com que você o preenche.

É comum maquiarem a vaidade e a ganância com os pincéis da indispensabilidade e da precisão, com a justificativa de que conquistar mais é necessário.

Muito embora sejam sinônimos, a ganância e a ambição têm significados diferentes, dependendo do contexto em que está empregada.

CASAIS

"Por isso deixará o homem a seu pai e a sua mãe, e unir-se-á a sua mulher, e serão os dois uma só carne"

Marcos 10:7,8

A união entre duas pessoas acontece pelos laços afetivos, pela afinidade que se estabelece entre ambos.

Quando o casal encontra um no outro o elo que faltava para que a corrente da felicidade afetiva se complete, tudo fica mais claro.

Eleja, para fazer parte da sua vida, a pessoa que se identifique mais com você. Não precisa, necessariamente, professar a mesma crença, desde que aceite, compreenda e respeite-o, procurando aprender mais sobre você e sobre ela.

Não há porque fazer mudanças radicais. A compreensão, aliada ao amor sincero, é a base dos relacionamentos entre casais.

Eleja a pessoa que lhe ame e que você também saiba amar. Alguém que pense mais ou menos como você, mais ou menos porque a diferença na maneira de pensar também ajuda a ver o mundo com outro olhar.

Eleja uma pessoa legal para ser pai ou mãe dos seus filhos; alguém que seja um bom filho ou filha, porque assim saberá ser uma boa mãe ou um bom pai, igualmente um bom esposo ou esposa.

Ele ja a pessoa que queira seguir ao seu lado, e não alguém que não tenha o mínimo de vontade e esforço em acompanhar seus passos em direção ao crescimento. Uma pessoa que esteja em sintonia com você, que lhe devote amor e respeito.

ÂNIMO

"No mundo tereis aflições, mas tende bom ânimo, eu venci o mundo"

João 16:33

Você está sem estímulo para continuar? As frustrações e o sofrimento prolongado têm lhe causado desânimo?

As aflições, quando não encontram remédio imediato, tendem a minar a resistência. Se não tomar uma "injeção" de ânimo, seus reflexos serão sentidos de forma mais intensa, causando-lhe cansaço e a sensação de que chegou ao limite de suas forças emocionais e físicas.

É fácil dar conselhos para quem está sofrendo; dizer para não desistir, que tudo irá passar... Mas quando se vive a situação, aí já é diferente. Mesmo assim não há outra coisa a se fazer, a não ser incentivar e encorajar você a seguir em frente, a não desanimar.

Quando um carro para à margem da estrada por falta de combustível, não há outra alternativa além de ir em busca de gasolina, pois entre outros mecanismos de ignição, ela é a principal fonte de energia que faz o carro se movimentar.

Não pare a beira do caminho que esteja seguindo. Ainda que se ache sem forças para prosseguir, abasteça-se com o combustível do ânimo e da fé. Encha o peito de coragem e a mente de pensamentos positivos; coloque Deus à frente de tudo e deixe que o brilho dos seus olhos seja o farol a iluminar o caminho pelo qual precisa passar.

Se esforce para não permitir que o sofrimento faça você se sentir um derrotado face aos momentos de turbulência. Nada dura para sempre, nem mesmo a dor.

SER LIVRE

Não erreis: Deus não se deixa escarnecer; porque tudo o que o homem semear, isso também ceifará
Gálatas 6:7

O conceito de liberdade na atualidade tem se mostrado um tanto quanto equivocado. Essa "liberdade" tão defendida e apresentada aprisiona aqueles que não sabem distinguir o real do imaginário, o falso do verdadeiro, o certo do errado...

Esse aprisionamento pode ser sentido no apego a luxuria, ao materialismo, ao sexo desregrado, à compulsão por relacionamentos vazios e sem compromisso.

O que é ser livre? Quando muitas pessoas pensam estar vivendo a "liberdade", estão, de forma equivocada, se algemando aos vícios de uma sociedade desnorteada e sem espiritualidade, em que a expressão de liberdade possui vários pesos e medidas, onde "tudo" é válido.

Disfarçada com o nome de independência, a libertinagem tem sido a cratera na queda emocional e moral do ser humano.

No ardente desejo de querer ser feliz - e não se sabe de que forma - é grande o número de pessoas que se entregam às alucinações ou desatinos, sem se preocuparem com o amanhã.

O que você pensa sobre ser livre? Ou de que maneira está vivendo sua liberdade? Temos o livre arbítrio para decidir sobre o que quisermos, no entanto, a autonomia que dizemos possuir sobre nossa vida, esbarra na realidade de que somos prisioneiros do mau uso do nosso arbítrio. É só observar as manias, fobias e ansiedades que cultivamos sem que nos demos conta delas.

HORA DA MUDANÇA

"Examinai tudo e guardai o que for bom"

1Tessalonicenses 5:21

Determinação e coragem em romper com velhos conceitos lhe darão uma nova visão sobre os paradigmas existenciais, isto é, o sistema de regras o qual você vive atrelado.

Não tenha medo do novo, se o que considera como novo for algo que valha a pena investir. Porém a pretexto de explorar novos caminhos, evite entregar-se de corpo e alma a tudo que encontrar pela frente.

Lembre-se: experimentar outras possibilidades e conhecimentos exige cautela, maturidade e discernimento, sem, contudo, perder o ímpeto de quebrar as correntes que ainda o mantém ancorado ao passado, aos velhos padrões de pensar e sentir a vida.

Atualize-se. Reveja seus conceitos e busque, na meditação ou na reflexão, os pontos que precisam ser acertados dentro de você. Esse é o momento em que tem total liberdade para refletir e avaliar sobre o quanto tem estado preso ao egocentrismo, ao individualismo, no jeito de viver e relacionar-se..

Não tenha medo de enxergar-se como realmente é! Se você acordou para a realidade e quer mudar a maneira como vê a vida, quem tem a ganhar com isso é você.

Nosso modo de viver é influenciado pelo sistema de crenças, ou seja, como vemos o mundo, os valores culturais, psicológicos, sociais, físicos, que adotamos e que ditam as regras da nossa conduta, dentro desses e de outros contextos.

CARGOS

"[...] Se é exercer liderança, que a exerça com zelo; se é mostrar misericórdia, que o faça com alegria"

Romanos 12:8

Se você quer saber como uma pessoa administraria um cargo de comando que lhe foi confiado, observe como ela cuida e administra sua casa.

Como em toda atividade, o toque pessoal também acompanha a forma de comandar o coletivo. Por isso se a pessoa em questão for desorganizada em suas ações pessoais, existe a possibilidade de que ela irá transferir sua desorganização para a esfera profissional ou para as atividades em que estiver à frente.

Cada indivíduo age no meio em que vive de acordo com seu caráter, tendências e estilo. Cuidar de uma comunidade religiosa, por exemplo, além de espírito de compreensão, exige entre outras coisas, discernimento e visão comunitária.

O espaço físico em que são realizados os encontros não deve ficar ao sabor do improviso. E nem pode ser administrado como se administra o quintal de casa; móveis e ambientes precisam ser cuidados, melhorados, além do cuidado com o bem estar do espírito humano.

Quem comanda precisa ter em mente que não comanda em prol de si mesmo, mas de toda comunidade.

Coordenação, como o próprio nome diz, requer amor, habilidade, justiça, imparcialidade e autocrítica, fatores indispensáveis para o desempenho de uma boa gestão ou trabalho.

Para ser um bom comandante, é importante, além de saber fazer, ter amor e competência no que se faz.

CONSCIENTIZAÇÃO

"É necessário que tais coisas acontheçam, mas ainda não é o fim"
Marcos 13:7

A Terra passa por um período de renovação. Quer queiramos ou não, a evolução se faz presente em nossas vidas. Nós estamos inseridos nesse processo de transformação e para que seus efeitos positivos se façam sentir em nós, é preciso que estejamos conectados ao Bem.

Não há mais tempo para dúvidas.

É o momento da escolha: estamos do lado do bem ou do mal. Com quem ou com que estamos sintonizados?

O Planeta dá sinais de que está havendo uma mudança, os fenômenos climáticos reforçam isso. Mas muitos de nós parecem não querer enxergar o que está a nossa frente, estamos no meio de um imenso turbilhão de acontecimentos que nos atingem diretamente, algumas pessoas percebem, outras não.

O grande Construtor do Universo está no comando, nada acontece sem sua permissão. É necessário que tudo isso se faça, como a dizer: "Despertem, por que dormem?"

Homens e mulheres parecem estar vivendo um sono profundo, uma letargia diante dos imperativos da vida; anestesiados em relação ao amor ao próximo, à natureza, aos animais, enfim à paz e ao equilíbrio.

O primeiro passo: conscientização. O segundo: viver e promover o bem por meio de atitudes altruístas, solidárias, preservar o meio ambiente; rios, matas, mares, florestas, fauna e flora. Respeitarmo-nos uns aos outros.

CASAMENTO II

"O amor é paciente, é benigno; o amor não procura seus próprios interesses, não se ressente do mal. Tudo sofre, tudo crê, tudo espera, tudo suporta"

I Cor. 13, 4-8

O casamento não vai bem?

Vocês já avaliaram a situação como algo que não tem mais jeito ou sentem que têm condições emocionais e sentimentais para salvar o relacionamento?

A relação do casal não deve ser de dependência emocional. Não diga: "Eu preciso dele ou dela". Precisar não é amar. A união deve ser de e por amor.

Nós escolhemos viver uma vida em comum com a pessoa amada, pelo simples fato de amá-la, porque se não for assim, será por motivos secundários... E, no relacionamento entre pessoas que se amam, o fundamento de tudo está no amor um pelo outro.

Casamento não é só compartilhar o mesmo espaço e dividir a mesma cama, ele requer diálogo franco e aberto com doses generosas de respeito, compreensão e carinho.

As diferenças sempre existirão entre o casal, e nem poderia ser diferente. Mas, se houver conciliação nas divergências, respeito e amor, as coisas tendem a estar sempre bem. Se o desrespeito imperar dentro do relacionamento, é porque o amor já perdeu o seu lugar em meio a ele.

Tropeços do tipo brigas, palavras impensadas que, às vezes, machucam ou pequenas discussões, diga-se de passagem, são normais. No entanto, não deixe de pedir desculpas quando os ânimos esfriarem. Não saia ou durma com mágoa de quem você ama.

Casamento não é uma corrente, mas um laço afetivo que, de preferência, jamais deveria se soltar.

OPORTUNIDADES

"E nós sabemos que Deus coopera em tudo para o bem daqueles que o ama"

Romanos 8:28

Chega o momento em que precisamos tomar decisões que farão parte da nossa vida para sempre. Às vezes, esse pode ser o momento crucial que irá mexer sobremaneira com o nosso mundo particular, mas sem o medo de decidir por algo que acreditamos ser correto e benéfico.

O que não podemos é ficar na inação, inertes. Quando as oportunidades surgem a nossa frente, não há muito que pensar, sim agir, agarrá-las com toda convicção e coragem. Adiar situações e projetos, por vezes, faz-se necessário, desde que não desista deles, que os retome tão logo tenha condições.

É muito frustrante olhar para trás e ver que você poderia ter realizado o seu sonho, que um pouco mais de empenho ou sacrifício teria valido a pena.

Ninguém sabe o que acontecerá no dia de amanhã! Então o que tiver de decidir hoje, faça-o com confiança, com um novo olhar para horizonte que se faz favorável, descortinando uma nova e bela imagem ao seu favor.

A luz que brilha para você também brilha para todos. Depende das circunstâncias se eles estão ou não receptivos para enxergá-la. Então, siga em frente sem medo.

Oportunidades são construções que fazemos conforme nossos esforços, aptidões e sentimentos que possibilitam, de certo modo, surgirem em momento apropriado.

Aproveite-as!

REALIZAÇÕES

"Tudo posso naquele que me fortalece"

Filipenses 4:13

É possível chegar ao lugar que almeja, mesmo se as dificuldades e a falta de incentivo se interpor em seu caminho.

Quando mencionamos a palavra projeto pessoal, referimo-nos a um sonho ou ideal de vida, idealizado por nós mesmos, então as opiniões contrárias às nossas realizações não devem ser mais fortes do que o desejo em torná-las realidade.

Se o reconhecimento e o apoio são importantes, não será a ausência deles que determinará a realização dos nossos sonhos nem o sucesso dos nossos empreendimentos.

Ficar na dependência do estímulo alheio, seria como desacreditar das próprias forças e capacidade para tornar algo concreto.

Em um mundo competitivo, onde a ganância e a inveja dão mostras da inferioridade do caráter humano, o melhor é crer nas Forças Superiores que regem nossos caminhos, e confiar no que estamos fazendo, sem dar atenção aos movimentos ou às inações contrárias em relação ao que acreditamos.

A sua realização, seja qual for ela, acontece mediante o seu empenho, determinação e fé de que conquistar algo é possível, ainda que para alguns pareça improvável ou impossível.

É comum as pessoas duvidarem da capacidade de outras, por se acharem mais capazes ou por não quererem que elas se realizem como profissionais, como pessoas, ou em algo que elas mesmas não tiveram capacidade de ter e ser.

AMIZADES

"O homem honesto é cauteloso em suas amizades, mas o caminho dos ímpios os leva a perder-se"
Provérbios 12:26

Nesses tempos em que as pessoas estão mais distantes umas das outras, em que a relação afetiva de amizade entre algumas delas não tem bases sólidas e sinceras, fica difícil confiar em alguém.

Mas não podemos generalizar, de vez que amizades verdadeiras são a prova de que nem tudo está perdido, conforme diz o adágio popular.

Será sempre importante avaliar as suas relações no contexto social e trazer para o seu círculo de amigos, apenas aqueles que realmente mereçam serem chamados e considerados como tal.

Quantas amizades equivocadas deixaram homens e mulheres em maus lençóis, prejudicando-os moral e socialmente!

Saiba peneirar suas amizades e conserve as que são realmente autênticas, confiáveis e afetuosas.

Não precisamos de alguém que queira nos enganar, trair ou nos levar para o mal caminho.

Amigos de verdade não incitam ao erro, a algo que possa nos prejudicar.

Os amigos verdadeiros são como nossos irmãos de sangue, que, apesar das discussões comuns, querem nos ver de frente e em pé, e não pelas costas e caídos.

Use o bom senso, do seu discernimento e avalie o comportamento das pessoas que se aproximam de você, quais as reais intenções de amizade que querem manter com você.

CUIDAR DAS CRIANÇAS

"Qualquer que, em meu nome, receber uma criança como esta, recebe a mim; e qualquer que me receber, não recebe a mim, mas ao que me enviou"

Marcos 9:36,37

O que pensar de governantes e pessoas comuns que não respeitam a infância de uma geração, crianças que não têm os seus direitos devidamente preservados?

Cuidar das crianças não só dar-lhes alimento, brinquedos ou consentir que façam o que não devem, para que parem de chorar. É transmitir a elas educação, carinho, atenção, amor, ensinamentos para que sejam, no futuro, homens e mulheres de bem.

Temos responsabilidade espiritual e social sobre as crianças, do berço à infância, e desta à adolescência e à juventude.

Se não cuidarmos dos nossos filhos, o mundo se encarregará de fazer isso, e os resultados serão humana e moralmente catastróficos.

Temos urgência de cuidar bem dos pequeninos. Dar coisas aos filhos é mais fácil que dar amor, que é de graça? Não se educa filhos ensinando-os a serem consumistas, ao dar a eles coisas materiais em excesso, com a alegação de que os filhos dos outros têm, e os seus também precisam ter.

Existe uma enorme distância entre o essencial e o supérfluo; dar amor é essencial, presentear apenas com objetos é supérfluo.

Cuidemos da essência das nossas crianças, da saúde física e espiritual, do caráter que deve ser trabalhado desde os primeiros passos.

Os filhos não nos pertencem, mas nos foram confiados por Deus.

DESPREZO

"Porque nenhum de nós vive para si, e nenhum morre para si"
Romanos 14:7

Não se incomode com o desprezo.

Da mesma forma que o ignoram, ignore também as atitudes de pessoas que tentam lhe diminuir.

Não olham nos olhos, não lhe cumprimentam, não lhe inserem na roda de bate-papo. Então, por que permaneceria em meio a pessoas que agem com tamanha desconsideração?

Aproxime-se daquelas nas quais possa sentir-se bem em sua companhia. Que lhe aceitem como você é, e não pelo que possui ou representa. Se o ignoram, passe adiante sem se deixar afetar por isso.

O escárnio ou zombaria são dardos ferinos que machucam o moral do ser humano. Quem assim age, expondo pessoas ao ridículo, se expõe mais aos olhos da Lei Divina do que o próprio "ridicularizado".

Há quem goste de viver de ilusões: subestimam a capacidade alheia, julgam de acordo com suas conveniências, desconhecem o verdadeiro valor das pessoas que repelem e não percebem que logo mais a frente, será dessas mesmas pessoas que irá precisar...

Como é sabido, Jesus não foi do agrado de todos, porém Ele próprio se agradava em estar entre os mais simples e humildes das comunidades por onde passava. Ele também sofreu o desprezo daqueles que não o aceitavam como Filho de Deus, o Mestre dos mestres.

Não desvie da sua conduta, dos seus princípios para agradar uma minoria. Seja você mesmo, em qualquer tempo e lugar, sem dar margem ao desprezo.

ESCÂNDALOS

"Ai do mundo, por causa dos escândalos;
Porque é inevitável que venham escândalos,
Mas ai do homem pelo qual vem o escândalo"

Mateus 18:7

Atravessamos momentos conturbados na história da humanidade. Os escândalos que envolvem pessoas comuns, tanto quanto governantes e líderes mundiais, fazem-nos pensar que o erro humano é um veículo desgovernado e em constante aceleração.

Falamos aqui dos escândalos que comprometem os interesses de uma nação e daqueles que indireta e diretamente afetam a integridade moral e física de cada indivíduo. As atrocidades que o homem comete contra seus semelhantes, como se não houvesse regras de conduta para viver em harmonia na sociedade, é algo preocupante, de causar espanto e indignação.

Escândalos que vêm à tona com a descoberta de práticas desonestas e desumanas por parte daqueles que deveriam dar exemplo, seja no campo político, religioso, artístico ou em qualquer outra área do saber humano, tornaram-se recorrentes.

De fato esses indivíduos não levam em conta o senso do amor e da justiça. Burlar a lei dos homens e os direitos dos cidadãos é prática comum que não causa nenhum constrangimento.

Mas há uma Lei imutável que não falha e nem privilegia a quem quer que seja, a Lei Divina, que, por mais que o homem tente se esconder dela, não conseguirá, porque Ela está escrita na consciência.

Quando o escândalo não prejudica a terceiros, o problema é de quem a ele se expôs, no entanto quando afeta outras pessoas, o erro passa a ter outro peso e medida.

DESATE O NÓ

"Se Cristo vos libertar, verdadeiramente sereis livres"

João 8:36

Passamos, muitas vezes, na vida, presos a situações que nos incomodam e não conseguimos nos libertar delas de imediato. Se elas nos incomodam tanto, por que não nos mantemos atrelados a elas? Por que não desatamos o nó e soltamos a corda que nos prende ao que nos causa sofrimento?

Em alguns momentos, conservamos uma atitude masoquista por não nos desligarmos de coisas, pessoas e condições que só nos fazem sofrer de um modo ou de outro.

Desatar o nó das amarras é um ato de libertação!

Desfazer o laço é desvincular-se de tudo que o infelicita e impede de ser livre e feliz.

Solte a corda. Você está a um passo do chão. Então por que permanecer na posição de quem está suspenso no ar, sufocado com o que lhe impede de caminhar em direção à sua cura, à sua liberdade?!

Os nós que criamos em nossa vida são criados inconscientemente, seja por meio do pensamento negativo, das lamúrias, do rancor e mágoa, falta do perdão, as más palavras, enfim são inúmeras as formas que nos amarram a estes e outros sofrimentos.

Desate o nó! Entregue-se às mãos de Deus e faça a sua parte para mudar esse painel negativo.

Você não nasceu fadado a sofrer, mas para ser feliz em espírito e verdade, consciente de que é capaz de ser e estar melhor, basta desfazer o nó e libertar-se.

INCOERÊNCIA "RELIGIOSA"

"Nem todo o que me diz: Senhor, Senhor! Entrará no reino dos céus"
Mateus 7:21

O que aconteceria se Jesus voltasse hoje à Terra? De certo Ele seria visto como um impostor, assim como aconteceu em Sua estada entre os homens da época. Isso porque, em meio a tantas religiões, e cada uma pregando a mensagem de Cristo à sua maneira, de acordo com suas interpretações, e algumas, até fazendo "disputa" religiosa, têm mais espalhado do que ajuntado as pessoas. Como se dissessem: "Se não for da minha fé não é de Cristo". Isso não se faz!

Observamos uma incoerência religiosa, pois não podemos subir ao púlpito ou altar para atacar a crença de outros irmãos, como se apenas nós estivéssemos com a verdade, sendo que a Verdade pertence a Deus.

Não temos o direito de julgar, muito menos condenar aqueles que creem e professam sua fé de forma diferente da nossa.

Jesus, o Mestre por excelência, não disse para hostilizarmos nosso semelhante, porque Ele próprio foi hostilizado por aqueles que diziam estar defendendo as causas Divinas. Não sejamos hipócritas!

Sejamos seguidores do Cristo de maneira consciente e sensata, com amor e igualdade. Não nos enganemos e nem deixemos que nos enganem. A vivência do Evangelho, independentemente da religião, quando sincera, não condena, não aponta o dedo, não sectariza nem fala o tempo todo no espírito do mal, sim no Espírito do Bem. Veja a todos como irmãos.

CURA INTERIOR

"E Jesus, movido de grande compaixão, estendeu a mão, e tocou-o, e disse-lhe: Quero, sê limpo"

Marcos 1:41

A insegurança drena nossa energia, e assim, ficamos paralisados, não reagimos contra a falta de autoconfiança. O medo nos distancia dos nossos sonhos, retarda os passos, tornando o caminho mais longo e penoso.

Se você se sente desse jeito, lembre-se, para todo mal há um remédio específico e, nesse momento, você está precisando de cura interior. O medicamento para seus padecimentos está no amor, no perdão, na fé e no firme propósito de fazer uma autotransformação, da mente e coração.

A libertação dos grilhões, das amarras que lhe prendem interiormente em forma de mágoa, revolta, angústia, pânico ou depressão dependem da sua boa vontade em drenar do seu emocional tudo o que causa doenças psicológicas e espirituais. Para que seu interior seja banhado com a água límpida e suave, transformada pelo amor.

Não sinta vergonha desse estado da alma. Se ela estiver doente, o corpo também adoecerá, por isso a necessidade da cura. Não são poucos aqueles que estão doentes do espírito, sofrendo dia após dia sem encontrar lenitivo seguro para suas aflições, porque elas não estão fora, mas dentro de você.

É preciso ter humildade para reconhecer e admitir isso. Se você sente a necessidade de fazer uma mudança em sua vida, o caminho para a cura torna-se mais fácil de ser trilhado.

CONCLUSÕES PRECIPITADAS

*"Não é bom proceder sem refletir,
e peca quem é precipitado"*
Provérbios 19:2

Quando existe medo de perder algo, alguns acontecimentos parecem girar em torno dos seus temores, como se estivessem conspirando contra a sua felicidade. Tudo isso é fruto das conclusões que tirou sobre a possibilidade da perda, uma precipitação imaginária, irreal.

Nem sempre a primeira impressão é o que demonstra ser.

O ser humano acostumou a tirar conclusões e, na maioria dos casos, elas são precipitadas e errôneas. A citação acima a respeito dos temores, é apenas um simples exemplo das inúmeras vezes que nós concluímos algo sobre alguém ou situação sem ao menos saber se é verdadeiro. Isso tem outro nome: julgamento.

Há grandes chances de errarmos quando tiramos conclusões, a nossa forma de vermos as coisas é tendenciosa, de vez que avaliamos de acordo com o que acreditamos.

É preciso manter distanciamento na análise que fazemos a respeito do que ocorre a nossa volta.

Não tiremos conclusões, porque não sabemos ao certo o que está por trás do objeto, causa ou situação que observamos.

Toda vez que fazemos isso, tomamos a frente da verdade, pois

116

nossas conclusões nem sempre condizem com a realidade.

A prudência nos impede de cometermos erros desnecessários ao fazermos uma análise precipitada.

CALÚNIAS

"O homem perverso instiga a contenda, e o intrigante separa os maiores amigos"

Provérbios 16:28

Não importa o que falam a seu respeito. Se você parar por causa das inverdades ditas, estará dando razão a quem as diz.

O que importa é a sua sinceridade na causa que abraçou, o seu devotamento ao bem; ao bem do próximo, ao bem de seus familiares, amigos e ao seu próprio bem.

Se calúnias chegaram aos seus ouvidos, não se deixe atingir, simplesmente ore e mantenha-se firme na fé, no amor e no que esteja fazendo.

Não se preocupe com os caluniadores, você sabe que toda palavra proferida volta para quem a proferiu, seja qual for a intenção, teor ou força que ela carrega.

As inverdades ditas a nosso respeito, nos machucam, porque atacam a nossa moral, porém não demos vazão a pensamentos negativos por causa do que dizem ou foi dito.

Erga-se acima das ondas sonoras de vozes que fazem mal uso das palavras, com o intuito de prejudicar os outros.

Se a consciência está tranquila, deixe aqueles que proferem o mal contra você ou contra quem quer que seja, sufocarem-se com o próprio veneno da calúnia.

119

SAÚDE

"Ele tomou sobre si as nossas enfermidades e levou as nossas doenças"

Mateus 8:16-17

Para viver bem, é indispensável que esteja bem de saúde, tanto física, mental e espiritual.

Há quanto tempo você não vai ao médico e não faz exames para verificar como anda o seu organismo? Certamente dirá que não tem tempo, devido ao trabalho, aos estudos, enfim por causa da vida agitada que toma todo o seu tempo livre. Mas isso não é verdade!

Se você tiver algum problema de saúde, encontrará tempo para tratar-se, e por que não encontra tempo para fazer uma prevenção?

Não se autoengane!

Se não tiver saúde não poderá trabalhar.

Se não tiver saúde não poderá estudar, participar de um curso, de uma faculdade.

Se não tiver saúde irá gastar o tempo que não dispunha para combater a enfermidade que acometeu o seu corpo. Espero que não esteja passando por nenhum problema com a saúde.

Mas, se nesse momento estiver em tratamento, ainda há tempo de cuidarse e curar-se.

Ame o trabalho, mas não mais que sua vida.

Ame os estudos, o lazer, a diversão, mas ame muito mais o seu bem estar mental e físico.

Além da própria vida, a saúde é o bem mais precioso que temos para continuarmos vivendo de forma plena e feliz. Cuide de você primeiramente, para que possa ter tempo e disposição para cuidar das pessoas e dos seus afazeres.

FAMÍLIA

"Se alguém não cuida de seus parentes, e especialmente dos de sua própria família, negou a fé e é pior que um descrente"

I Timóteo 5:8

Conhecida como laboratório sagrado, a família, na atualidade, experimenta situações conflitantes. As suas bases têm sofrido constantes "ataques" no campo da moral e da educação, fatores que geram instabilidade, desequilíbrios dentro de casa. Dizemos casa, porque o lar, na sua mais significativa expressão, tem perdido espaço para a falta de diálogo, ante o desamor. As pessoas falam em construir casas, mas se esquecem de levantar um lar, estruturado nas bases do amor e união.

Edificar uma casa pode não ser tarefa difícil, mas manter erguido um lar, em alguns casos, parece que sim.

Valores há muito estimados se perderam, no entanto, existem outros que precisam ser conservados, como o respeito, a confiança dos filhos para com os pais. Porque o seio familiar é o que nutre e aquece a relação entre pais e filhos, em meio à frieza e indiferença que há no mundo, além das paredes das nossas casas.

O conceito de família é o sustentáculo do amor, a estrutura psicológica, sentimental e espiritual que rege as relações entre os que vivem sob o mesmo teto. Onde cada qual deve saber o seu papel, como pais e filhos, esposo e esposa.

José, Maria e Jesus são o protótipo de família perfeita, em cujos membros se respeitavam e se amavam, cada um entendendo as necessidades, responsabilidades e a sua missão individual dentro e fora de casa.

DIREITOS

"E, abrindo Pedro a boca, disse: Reconheço por verdade que Deus não faz acepção de pessoas"

Atos 10:34

Há pessoas que afirmam defender o que é certo, mas o fazem, agindo de forma errada, porque julgar e falar mal dos outros é um erro. Os fins não são justificativas para se atingir os meios, assim como bem diz o conceito popular, não se corrige um erro com outro erro.

Portanto, na defesa de uma causa, é importante saber como devemos proceder, isto é, passar tudo pelo crivo da razão e da autocrítica.

Na história vemos muitas injustiças praticadas em nome da "justiça".

Defensores da religião faziam seus próprios julgamentos e condenações em nome do bem, esquecendo-se de que o Bem legítimo não se coaduna com o mal praticado contra o semelhante.

As nações mais fortes subjugavam as mais fracas, compelindo à morte os cidadãos de um país por motivos fúteis e banais. Na atualidade temos o estado de direito, em que cada indivíduo, teoricamente, é respeitado pelos seus direitos.

Felizmente houve um grande avanço, mas ainda assim, muitas pessoas são julgadas e "condenadas" pela fé que professam, pela preferência partidária, pelo gênero e por muitos outros fatores. Em suma, nossos direitos a escolhas continuam sendo cerceados pelo preconceito e discriminação em várias áreas.

Se cada um respeitasse a crença, as condições, a etnia, enfim o ser humano como seus iguais, nós teríamos não só um país, mas um mundo melhor porque nos tornaríamos melhores.

DINHEIRO

"Vale mais o pouco que tem o justo, do que as riquezas de muitos ímpios"

Salmos 37:16

Nós precisamos do trabalho para ganhar dinheiro, mas desde que o dinheiro não nos ganhe.

Se ele for adquirido honestamente, torna-se algo abençoado, de vez que promove melhorias, favorece o sustento, enfim dá condições para que possamos usufruir de tudo para nossa subsistência. Contudo, se for ganho de forma ilícita, não resistirá por muito tempo, extinguindo-se com a mesma facilidade com que foi obtido.

129

Fator primordial na vida de todo ser humano, o dinheiro deve ser visto e usado como meio e não como fim.

Ele não é abençoado nem amaldiçoado. A bênção ou a maldição depende da forma como ele é empregado.

Métodos escusos para consegui-lo não tornam o dinheiro em algo ruim, entretanto faz da pessoa e dos seus métodos agentes negativos, empregando à força transformadora do dinheiro em energia densa corrosiva.

Não ponha-o à frente do seu caráter que não deve ter preço. Mesmo em meio a dificuldades financeiras, não se deixe contaminar pela cobiça do que não pertence a você.

Isso não significa que deva desprezar o dinheiro e sim, que o dinheiro ganho com honestidade deve servir às suas necessidades, e não o contrário.

NÃO JULGUE

"Por que você repara no cisco que está no olho do seu irmão e não se dá conta da viga que está em seu próprio olho"

Mateus 7:1-5

Quem ensina também está na condição de alguém que está aprendendo, não é melhor nem pior que os demais. Por isso não o coloque num pedestal, pensando ser alguém perfeito. Apenas adquiriu mais experiência pelo conhecimento. Então não se esqueça de que a pessoa que ensina também é humano, e pode falhar em algum momento. Nem por isso deve tirar o mérito do seu saber, da sua orientação.

"Deveria dar exemplo do que ensina". Poderão dizer alguns, ainda assim não devemos julgar. Quem instrui, o faz porque acredita no que transmite aos outros, senão não teria sentido ensinar.

Todos nós cometemos nossas falhas, mesmo sabendo que não poderíamos cometê-las, embora os conhecimentos adquiridos. Entretanto, devemos aproveitar o que as pessoas nos transmitem de bom, útil e educativo, sem nos ater aos seus defeitos. Porque nós, por conseguinte, também temos os nossos.

Não condene! Se alguém ensina, educa e orienta deixa escapar suas deficiências, com certeza essa pessoa também se esforça em combater os próprios defeitos, e nem por isso deixa de acreditar no que é certo.

É importante ressaltar o lado positivo das pessoas, o que elas trazem de bom, porque perfeito mesmo só Aquele que veio ao mundo e nos ensinou a não julgar os outros, mas a nos ater ao que é do Bem.

DIFICULDADES

"Considero que os nossos sofrimentos atuais não podem ser comparados com a glória que em nós será revelada"

Romanos 8:18

As dificuldades podem ser inúmeras, mas não são eternas. Chegará o dia em que elas cessarão e aí virão outras, porque não há ninguém nesse mundo que possa se gabar em dizer que não teve ou tem problemas.

Eles fazem parte do nosso processo de aprimoramento espiritual, funcionando, muitas vezes, como despertar para uma vida equilibrada. Não precisamos sofrer para evoluir, porém vivemos num mundo imperfeito e o sofrimento faz parte dele.

Isso não significa que você tenha de se conformar, mas saber conviver com ele de modo que não se entregar ao desânimo, à falta de esperança, até que ele se extingua.

Acredite que essas dificuldades que atravessaram o seu caminho irão passar. Embora pareça interminável, todo sofrimento um dia chega ao fim.

Aproveite essa fase para refletir e não perca a confiança, nem deixe de acreditar num amanhã vitorioso e mais feliz...

Pense com otimismo.

O otimismo é fé em ação, e a fé é luz nas trevas, que nos ajuda a transpor os becos estreitos e escuros de todo e qualquer sofrimento, iluminando-nos na travessia. As lembranças amargas se amenizam, mas não se apagam da memória, contudo detenha-se nas recordações felizes para que sua trajetória no mundo, possa ser vivida da forma mais tranquila possível.

Tudo passa. As dificuldades também passam.

"A pérola aprisionada na concha não consegue mostrar o seu verdadeiro valor. O isolamento só se faz necessário pelo período que realmente o justifique."

RESSENTIMENTOS

*"Se teu irmão pecar contra ti, vai,
e repreende-o entre ti e ele só; se
te ouvir, ganhaste a teu irmão"*
Mateus 18:15

Você está guardando ressentimentos em relação a alguém? Sabe que não vale a pena!

Outra pergunta: você toma veneno em gotas?

Certamente não! Mas, de outra forma, é isso mesmo que faz ao alimentar ressentimento, está envenenando seu coração, sua mente, sua vida.

Quem mais se prejudica emocionalmente, ao manter este tipo de sentimento negativo, é você.

Perdoe. Não importa como ou o que fizeram a você, liberte-se desse

141

fardo, ele pesa muito na vida da pessoa que o carrega, é um peso na alma.

Pode não ser fácil no início, mas com um exercício diário e constante ele acaba se dissolvendo.

O coração ferido pode ser cicatrizado.

A ofensa moral deve ser perdoada.

O abandono é dor que também se ameniza.

A traição é demonstração de que a pessoa não lhe merecia.

A calúnia é força negativa que volta para o caluniador.

Seja o que for que lhe cause ressentimentos, não os alimente, porque ressentimento gera mágoa, e é importante que você não guarde descontentamento de ninguém.

Cuide do seu interior.

Não é bom para você ficar atrelado a essas emoções destrutivas que lhe roubam a paz.

VOCÊ TEM A CHAVE

"Em verdade vos digo que tudo o que ligardes na terra será ligado no céu, e tudo o que desligardes na terra será desligado no céu"
Mateus 18:18

Ninguém chega ao cume da montanha sem antes ter passado pelo processo da escalada.

A vida também é feita de buscas, nada acontece se ficarmos parados. É preciso que façamos uma ligação, entre o que desejamos (ir em busca) e a obtenção (chegar onde queremos, mérito).

Você tem a chave para fazer a ligação, para que a sua usina chamada força de vontade possa gerar a energia necessária para que as coisas comecem a caminhar, prosperar.

Para que o avião possa alçar voo, ele precisa de velocidade e propulsão para subir.

Não espere alcançar o que almeja sem as ferramentas do otimismo, da persistência, do esforço pessoal e da paciência. E nem se ache velho demais para começar do zero. Muitos empresários de renome construíram o seu sucesso depois dos 40 anos de idade. De certo, a maturidade os ajudou a ver a vida e os negócios de forma diferente, e a mudança de pensamentos e atitudes pode ter sido a chave que os ajudou a abrirem as portas para o êxito.

Não faça nada sem antes pedir o auxílio de Deus. Lembre-se, o que ligar na terra também será ligado no céu, ou seja, se estiver ligado às Forças do Bem, as energias para construção do seu empreendimento, seja qual for ele, serão as melhores possíveis. Deus permite que o melhor aconteça em sua vida, mas depende muito de você.

Então, vire a chave!

ANSIEDADE

"Não vos inquieteis, pois, pelo dia de amanhã, pois o amanhã, cuidará de si mesmo. Basta a cada dia o seu mal"

Mateus 6:34

Viva um dia por vez, sem antecipar suas preocupações em relação ao que ainda virá. Não entenda isso como comodismo, mas como uma forma de administrar a vida sem ansiedade.

Mantenha-se no centro da razão e não nas extremidades, sema ânsia de querer antecipar-se às situações que lhe causam desconforto.

Tendo em vista várias causas que geram a ansiedade, observe aquela que esteja interferindo no bom desempenho psíquico e físico.

A sua paz deve ser preservada.

Sossegue o espírito. Para que se autoperturbar desse jeito?

Em se tratando de algo bom, deixe as coisas acontecerem, não queira que o fruto amadureça antes do tempo. E se não forem coisas muito boas, não as fortifique, fixando o seu pensamento, a sua preocupação em relação a elas.

O transtorno da ansiedade causa insegurança, instabilidade emocional, interferindo no dia a dia e deve por isso mesmo ser tratado de maneira adequada.

Além do tratamento com um profissional, é indispensável recorrer também à meditação, à oração; conhecer a si mesmo para descobrir o que ou quais os motivos que levaram a desencadear os sintomas pertinentes a esse desassossego.

Tenha calma, pare, respire e cuide-se.

CAMINHO DE DAMASCO

"Saulo, Saulo, por que me persegues?

Atos 9:4

É importante escolher um caminho que o coloque em contato com a espiritualidade, não importa qual seja a sua forma de expressão religiosa.

As religiões são como galhos, diferentes na forma, mas ligadas a mesma árvore, DEUS.

Espero que você tenha em sua vida um caminho de Damasco para percorrer, e ao contrário de ouvir: "Por que me persegues?" Possa ouvir: "Por que não me segues?"

Seguir ao Cristo é viver o amor ensinado por Ele, independentemente, onde esteja e qual religião professe, desde que, nesse caminho do encontro com o Mestre, sinta-se tocado por Ele, e assim, faça a sua parte, florindo de amor como os demais galhos do Seu Tronco espiritual.

Observe por onde você caminha, preste atenção no que está à margem da estrada que segue. O caminho de Damasco é em alusão à perseguição de Saulo aos cristãos primitivos, antes de tornar-se Paulo de Tarso. Todavia, aquele foi o caminho da sua conversão, que o fez deixar para trás o homem velho, para que o novo pudesse nascer.

Encontre você também o caminho mais acessível ao seu entendimento, onde se sinta mais aconchegado e seguro para que a cada passo possa ser alguém mais amável, confiante, cheio de paz e esperança no coração.

Vislumbre você também a luz da autotransformação, do exame de consciência, na renovação de atitudes e siga uma nova etapa da sua vida, e seja feliz com Jesus Cristo.

CÓLERA

"Então Jesus disse-lhe: Embainha a tua espada; porque todos os que lançarem mão da espada, à espada morrerão"

Mateus 26:52

Quando nos deixamos contaminar pela cólera, sempre perdemos, o emocional se desestrutura, saímos do eixo, e, na maioria das vezes, deixamos de ter razão.

Antes de qualquer atitude impensada, fazendo uma paráfrase do texto acima, é melhor embainharmos, guardarmos a espada, em outras palavras, conter os ânimos exaltados.

A agressão, seja ela qual for, é como uma espada afiada que fere sem piedade. É melhor deixá-la na bainha, guardada porque nós também poderemos ser feridos por ela, se a manusearmos.

Não seremos melhores que os agressores ao usarmos dos mesmos métodos pelos quais somos atacados psicológica, moral e fisicamente.

Conter a cólera é saber usar a razão e sabedoria diante de pessoas ou situações que nos instigam a usá-la.

Devemos ser diferentes.

A atitude do apóstolo Pedro, embora imbuída de boa intenção ao querer proteger Jesus, fazendo uso da espada, contradizia as lições de amor que o próprio Jesus havia lhes ensinado. Diante da ofensa ou da agressão, defenda-se. Mas não desembainhe a sua espada, representada pelo orgulho, violência, ódio, desequilíbrio emocional e tudo mais que há de negativo nesse gesto.

A cólera é como o fio de uma espada prestes a machucar e a comprometer espiritual e juridicamente quem se deixa dominar por ela.

DEUS ESTÁ NO COMANDO

"Aceita tudo o que te acontecer. Na dor, permanece firme; na humilhação, tem paciência"

Eclesiásticos 2:4

Nada acorre à revelia do acaso, as coisas acontecem mediante os planos de Deus para nossas vidas, muito embora tenhamos o livre arbítrio.

Situações aparentemente inusitadas para nós, têm uma razão de ser, as quais não as compreendemos. No entanto, podemos aceitá-las sem revolta. Ao nos rebelarmos contra o que não aceitamos ou sabemos, aumentamos a dor causada pelo ocorrido e prolongamos o vazio que se formou em nosso coração.

A existência na Terra tem a finalidade de nos preparar, paulatinamente, para desenvolvermos o amor em nós, e o amor abarca o aprendizado da paciência, da compreensão, da esperança, do altruísmo; é o amor que nos aproxima do Criador.

Não se revolte contra o que, por ora, não pode entender, porque Deus está no comando.

Nós não temos controle sobre os acontecimentos, porém podemos evitar muitas situações embaraçosas, no pleno uso da nossa consciência. É só ouvirmos o que diz a intuição, ela é a Divina Sabedoria nos falando no íntimo da alma.

Esteja atento e não se esqueça: Deus está no comando!

A vida segue seu curso natural. Tal como o rio que deságua no mar no encontro das águas, doce com a salgada, cumprindo o ciclo da renovação da criação Divina.

CONHECIMENTO

"Pois posso testificar que eles são zelosos por Deus, mas seu zelo não é baseado no conhecimento"
Romanos 10:2

Permanecer parado no tempo não o levará a nenhum lugar, ficará desatualizado.

O estudo em qualquer área do conhecimento humano é porta de saída da ignorância, isto é, irá lhe colocar a par de muitas coisas que até então desconhecia.

Não podemos mais aceitar a expressão: "Ouvi dizer que é assim..."

É importante que tenhamos conhecimento de causa sobre o que defendemos para que nossa argumentação esteja embasada no que expomos, e não do EU ACHO; mas sim na do EU SEI.

Ler, estudar, conhecer é indispensável, uma vez que não podemos mais ser manipuladas pelos outros, seja no campo político, social, religioso ou informacional.

Indivíduos defendem causas em diversos setores, embasados apenas em seus parcos conhecimentos, a maioria deles convenientes às intenções do grupo que participam. E atacam os demais que não professam da mesma fé, do mesmo pensamento ou projeto que dizem zelar.

Não sejamos levianos, tão pouco inconsequentes. Saibamos abrir a mente para adquirirmos conhecimentos, a profissionalizaçã exige isso, a vida precisa disso, e nós, que estamos na escola do mundo, temos o dever de conhecer e praticar para não nos deixar enganar.

MELHOR IDADE

"Não repreenda asperamente o homem idoso, mas exorte-o como se ele fosse seu pai; trate os jovens como a irmãos"

I Timóteo 5:1

Na cultura africana, os mais velhos sempre foram tratados com respeito. E era tanto a estima que ninguém pisava na sombra de um ancião da aldeia, porque isso era considerado uma descortesia.

Exagero?! Não! As demonstrações de apreço nunca serão demais, principalmente com os mais velhos, porque, assim como as crianças, eles precisam de carinho e atenção redobrados.

O que a sociedade e você em sua casa têm feito por seus pais, avós e vizinhos que chegaram a esse estágio da vida?

Se diz; melhor idade, porque é a fase em que a reflexão se faz de maneira especial, e porque por outro lado "volta-se" a ser criança novamente. Crianças experientes, embora com certa fragilidade no caminhar, no pensar, no agir, no sentar, no jeito de ser.

Mas para chegar à melhor idade, faz-se necessário envelhecer com saúde, para que ela seja bem aproveitada.

Respeite os mais velhos, neles está a sabedoria da vida, a experiência sem maquiagem, porque eles viveram muitas coisas das quais hoje nós outros não suportaríamos.

Mais do que não pisar a sombra dos mais velhos, precisamos igualmente, não pisar-lhes a honra, as suas condições físicas e mentais, respeitando e os amando sempre.

MEIO AMBIENTE

"Sabemos que toda a natureza criada geme até agora, como em dores de parto"

Romanos 8:19-22

A criação da humanidade não está desassociada da natureza, precisamos tanto dela quanto ela de nós. Porém, neste momento o meio ambiente pede nossa colaboração, cada um pode dar sua contribuição para que o ecossistema não sofra mais com a ação irresponsável do homem.

Preservar a natureza é proteger a nossa qualidade de vida.

Tudo bem que você não goste de passear no campo, que não tenha vontade de estarem meio à natureza,

165

nem por isso deixe de se preocupar com o meio ambiente, porque ele faz parte da nossa casa, ou seja, o planeta em que vivemos. E todos nós sabemos o que acontece à nossa casa se não cuidarmos bem dela, com o passar do tempo ela se deteriora.

O meio ambiente também é o lugar em que você está, pequenos gestos ajudam a diminuir o impacto ambiental: não jogar resíduos ou produtos sólidos nos rios, matas ou em terrenos vazios são alguns deles.

Quando falamos de meio ambiente, estamos nos referindo ao todo e não a um lugar específico, abrange todas as coisas vivas e não vivas na Terra.

Desrespeitar o meio ambiente é desrespeitar a vida.

CRIAÇÕES MENTAIS

"Jesus, conhecendo os seus pensamentos, disse-lhes: "Todo reino dividido contra si mesmo será arruinado, e uma casa dividida contra si mesma cairá"
Lucas 11:17

Os seus pensamentos determinam o seu estado de espírito. Como? Por meio da força que a mente exerce sobre o eu espiritual. Se as criações mentais forem boas, você estará sempre em harmonia, mas se forem negativas, você ficará vulnerável às enfermidades...

Um filósofo da antiguidade disse: "Mente sã, corpo são". A frase é oportuna porque muitas coisas nascem da nossa capacidade de raciocinar e mentalizar e, infelizmente, nem todos os raciocínios e mentalizações são positivas. Temos a tendência masoquista de "ver" o mundo e a vida com o olhar pessimista.

O que é construído na mente, como por exemplo, medos infundados sobre determinada situação, você tende a atrair para si, caso não mude de atitude mental.

Não alimente pensamentos de natureza negativa. Suas criações mentais devem ser as melhores, projetando no futuro somente coisas agradáveis.

Vigilância e oração é um exercício diário que ajudará a manter a mente em um nível superior, sem que haja tempo para conceber o que não esteja de acordo com sua paz. Evite que a sua mente vagueie pelas furnas escuras onde residem as formações sombrias do desequilíbrio mental e espiritual.

As criações da mente devem ser em favor do bem comum e do seu próprio bem.

HONESTIDADE

"Pois estamos tendo o cuidado de fazer o que é correto, não apenas aos olhos do Senhor, mas também aos olhos dos homens"
II Coríntios 8:21

Construímos um universo particular a partir dos nossos princípios e posturas de vida, sem deixar de interagir com o mundo a nossa volta.

Se os outros fazem o oposto, chamando para si a corrupção e a falta de ética, aí já é o mundo deles. Quanto a nós que buscamos a prática do Evangelho de Jesus, não nos importa viver de outra maneira que não seja aquela que Ele nos ensinou pelas Suas atitudes.

Não estamos falando de perfeição humana, porque estamos longe disso, sim de valores morais e enriquecimento espiritual.

Quem está enriquecido espiritualmente, não tem a necessidade de enriquecer materialmente por meios ilícitos. Embora o dinheiro seja necessário, não será por intermédio da corrupção e de outros meios ilegais que devemos adquiri-lo.

É uma questão de coerência com o que acreditamos, sentimos e pregamos, seja na escola, na empresa, no templo ou igreja, com os amigos e familiares, enfim, onde quer que estejamos e com quem nos relacionamos.

De fato você ouvirá grande parte de indivíduos dizendo que "todos" agem dessa maneira, aí pode dizer sem temer: "Todos não! Eu não faço parte desse grupo".

Fazer o que outros fazem não é sinônimo de personalidade. O que nos diferencia dos demais é justamente fazer o que é certo, sem que tenha do que se envergonhar mais tarde.

AUTOTRANSFORMAÇÃO

"Portanto, se alguém está em Cristo, é nova criação. As coisas antigas já passaram; eis que surgiram coisas novas!"

II Coríntios 5:17

O aprendizado se faz paulatinamente, não em saltos miraculosos. Ninguém se modifica de forma automática, sem que antes passe pelos processos transformadores. A natureza não dá saltos e o ser humano também não.

Encontramos pessoas que, ao aderirem a uma nova fé, querem mostrar que já se modificaram da água para o vinho. As transformações são bem-vindas e necessárias, mas devem

173

seguir a esse processo natural, de conhecimento, correção e mudança, sem a pretensão de ser perfeito. Só Deus o é!

Não haja com rigidez com você mesmo. As transformações em nós devem ser feitas gradualmente, mas de forma contínua.

Não seja tão duro com você.

Jesus que conhecia a profundeza da alma humana não chegou ao mundo dando socos e pontapés, entendia que o que semeava nos corações levaria tempo para germinar e frutificar.

Ele pediu mudanças, no entanto não disse que as esperava do dia para a noite.

Mude, transforme-se, seguindo a sequência do aprendizado, corrigindo-se a cada dia. Porém não acredite que será fácil e, ainda assim, não desanime nem abandone o seu interesse em aprender, nem exija dos outros, o que você ainda não conseguiu atingir e ser em sua totalidade. Lembre-se: Cristo não usou chicote para convencer a ninguém.

SOFRIMENTO

"Tenho por certo que as aflições deste tempo presente não são para comparar com a glória que em nós há de ser revelada"

Romanos 8:18

Desapegue-se dos sofrimentos. Quanto mais tempo você passa pensando no problema, mais ele fará com que se aflija. Isso não quer dizer que você não tenha de pensar numa solução. Contudo, quanto mais se fixar no incômodo que ele causa, as suas preocupações irão aumentar.

Relaxe um pouco, uma saída irá aparecer.

Pense assim: tudo que de desagradável surgiu em minha vida

tende a sair pela mesma porta que entrou!

As provações surgem e são, na maioria das vezes, inevitáveis. Motivo pelo qual não precisamos torná-las mais intensas do que se mostram, ao colocarmos nelas uma pitada de pessimismo.

Rara são as pessoas que encaram os problemas de frente, sem deixar que eles se agigantem, quando se sentem pequenas, incapazes para enfrentá-los.

Nenhum sofrimento é eterno, contudo é essencial fazer algo para eliminá-lo, para que ele não perdure por longo tempo. Todos querem viver felizes e o sofrimento é o oposto da felicidade. Então, não se prenda a ele, concentrando suas forças em algo que lhe faz sofrer além do necessário.

Quando menos esperar, ao "desapegar-se" do que tanto o incomoda, verá que a solução ou o remédio para os seus padecimentos surgirá.

Mas não sofra tanto com o sofrimento, pois ele é passageiro. Maior é o Bem que está no céu do que o mal que está na Terra.

MAU HUMOR

"Toda a amargura, e ira, e cólera, e gritaria, e blasfêmia e toda a malícia sejam tiradas dentre vós"
Efésios 4:31

Não se deixe contagiar pelo mau humor. Em ambiente que impera o estresse entre pessoas que deveriam conviver harmoniosamente, o melhor é silenciar.

É bem provável que a pessoa naquele momento esteja passando por algum problema e não consegue lidar com a situação de forma equilibrada, passando aos outros a sua carga de aflições exaltadas.

Controle você também o seu mau humor, dificilmente alguém não tenha se sentido assim. Porém quando ele se torna constante, o melhor é procurar um médico para se tratar.

Observe o que lhe causa irritação.

Se você está sempre nervoso, reclama de tudo e de todos e, constantemente se sente compelido a dizer ou tomar atitudes fora do seu padrão, pare por um instante e reflita sobre isso.

Faça exercícios, participe de atividades que o ajudem a se descontrair, que tirem você da rotina, que façam com que você possa suar e sorrir mais.

Não deixe que o mau humor encontre espaço permanente em sua vida. Quem perde com ele é você, que sentirá os efeitos das suas toxinas a contaminarem corpo e mente.

Você já percebeu que, quando está irritado, todo o seu organismo parece tremer, desestruturar por dentro? Imagine-se sentir esses efeitos todos os dias, não há saúde psicossomática que suporte tamanha carga negativa.

APRENDIZADO

"Todo homem prudente age com base no conhecimento, mas o tolo expõe a sua insensatez"

Provérbios 13:16

Há sempre algo novo para se aprender.

Não pare no tempo, porque o tempo jamais irá ficar a sua espera.

Todas as coisas seguem o seu curso e se permanecermos parados, nós correremos o risco de ficar para trás.

Esteja aberto ao novo, mas de maneira saudável. Nem tudo que é novidade traz benefícios, apenas mais distração e menos aprendizado.

Cultive o hábito de avaliar antes de aceitar ou aderir a alguma causa, situação, momento ou pessoa.

Quando aceitamos as coisas do mundo sem antes passá-las pelo crivo da razão e da utilidade, estamos pactuando com o que está sendo oferecido.

Muitas coisas podem ser evitadas se soubermos ponderar a respeito delas.

No contexto social, a prudência deve ser levada em consideração, porque sem ela podemos ser afetados pelo impulso da aceitação de tudo, sem reservas.

Desde a infância, aprendemos as primeiras lições do que é certo ou errado; a divisão entre o bem e o mal, porém o nosso aprendizado se faz ao longo da vida e para tanto, precisamos ter o discernimento cristão para pôr o que aprendemos em prática.

Estamos constantemente aprendendo. Se tivermos humildade em admitir que nós não sabemos de tudo, nosso aprendizado se torna mais rico e fácil.

METAS

"Portanto, se alguém está em Cristo, é nova criação. As coisas antigas já passaram; eis que surgiram coisas novas!"

II Coríntios 5:17

Atingir metas é a programação que todos fazem ao iniciar um novo ano, com promessas de mudanças, sejam elas comportamentais ou emocionais, com o intuito de agir diferente a partir daquele instante.

Isso nem sempre funciona, porque as modificações em nosso modo de ser não acontecem de um momento para outro, embora todo empenho empregado possa favorecer ao êxito.

Nossas intenções de modificação muitas vezes não ultrapassam os limites entre o dia de hoje e o da manhã seguinte. É preciso esforço e perseverança para que se faça em nós as transformações desejadas e necessárias.

E, para atingir as metas no campo do trabalho, dos empreendimentos e em outros objetivos da vida, nem sempre dependerá unicamente de nós. Existem outros fatores que influenciam a favor ou contra nossos anseios e, assim, chegamos ao fim de mais um ano frustrados, por não termos alcançado as metas que nos propomos. Isso é compreensível. Há metas que não dependem de dinheiro e nem dos outros, como a mudança de postura, a modificação interior.

Este trabalho não é tarefa fácil. No entanto, com determinação, os resultados poderão no mínimo ser significativos, como já dito, as mudanças em nós acontecem de forma sequencial. É só não perder a determinação para o autoaprimoramento.

CHAMAMENTO

"E disse Jesus: "Sigam-me, e eu
os farei pescadores de homens"
Mateus 4:19

Você não acha que é hora de voltar-se para Deus? Por quanto tempo irá permanecer afastado do caminho vivendo da forma como tem vivido?

Quando despertará para o chamado que a vida lhe tem feito? As situações por você vivenciadas é um despertar para a realidade, para o equilíbrio para a renovação de valores.

Amolecer o coração não é sinal de fraqueza, sim de humildade, de grandeza espiritual.

Reflita sobre o período de turbulências que tem experimentado nos últimos tempos, o que motivou essa instabilidade, esses pesares que parecem não cessar.

Deus não provoca a dor, mas permite que ela nos visite, batendo a nossa porta como um chamamento diário, um convite à reflexão.

Não queira entender os meios e os desígnios do Criador, apenas atenda ao Seu chamado sem perguntar o porquê! Esse caminho pelo qual segue pode não ser o seu, por isso que as coisas não entram no eixo, não acontecem como deveriam acontecer.

Está dando braçadas em águas revoltas, em mar agitado e corre o risco de se afogar, porque está gastando suas energias sem conseguir sair do lugar.

Preste bastante atenção aos sinais, não queira ver somente aquilo deseja, nem sempre o que vemos é o que a vida quer nos mostrar. Às vezes deixamos de atender aos seus apelos e passamos anos ou toda a existência fora do nosso real caminho...

OPINIÕES

"Não vos enganeis. As más companhias corrompem os bons costumes"

Coríntios 15:33

Não assimile opiniões que tendem deixar você chateado. Coisas do tipo: "Nossa como você emagreceu; como você engordou; você está com uma expressão péssima; será que consegue fazer isso?"

Se der importância ao que os outros falam sem pensar, passará a viver sob o olhar deles e não com o que você realmente é e o faz feliz.

É impressionante como as pessoas parecem gostar de transmitir aos outros o seu pessimismo, a sua baixa autoestima! São indivíduos mal resolvidos interiormente e mesmo que, de forma involuntária, tendem a transmitir aos demais o reflexo das suas inseguranças e da não aceitação de si mesmos.

Negam-se como filhos de Deus, ao verem dificuldades e problemas em tudo e em todos, pois carregam um peso muito grande nas costas, no coração e na alma.

Não entre na sintonia deles.

Ame-se tal como você é; com suas possibilidades, limitações, vitórias e derrotas, sabendo que se vive um dia de cada vez, porque o amanhã reserva para você, boas surpresas.

Ame-os também tal como são filhos de Deus, igualmente a você. Sem, contudo, dar-lhes ouvido à palavras que pouco ou nada edificam, quando dizem ou fazem o que não deveriam.

Acredite em você. E esteja certo de que as opiniões contrárias, negativas não devem atingir você.

MENTIRAS

"Portanto, cada um de vocês deve abandonar a mentira e falar a verdade ao seu próximo"

Efésios 4:25

Dificilmente encontraremos alguém que seja realmente feliz, vivendo uma mentira. Aparentemente, essa pessoa pode até dar mostras de estar bem, mas é só aparência.

Deus deu um juiz individual para cada um de nós, que se chama consciência. Interiormente, todas as pessoas sabem o que guardam dentro de si, e a consciência não se deixa enganar. Podemos querer passar aos outros uma imagem diferente da que somos, vivemos ou sentimos, porque queiramos ou não, o aguilhão, uma ponta aguda, que vive em nossa consciência não nos deixa enganar a nós mesmos.

A verdade, em qualquer tempo, situação ou lugar é uma das melhores formas para vivermos sem medo, sem ter do que nos preocuparmos.

A mentira é a pavimentação do caminho que conduz ao erro, ao mal, ao engodo. A pessoa que convive com o hábito de mentir, jamais inspirará confiança, mesmo que venha dizer a verdade em algum momento.

Há diversas formas de mentiras: as fraudes políticas e comerciais, as relações paralelas ao casamento; a negação de si mesmo; a calúnia e tantas outras.

Mentiras são lâminas que cortam sem piedade as relações de confiança e cumplicidade que há entre as pessoas. Além de deter o avanço da verdade, abrem fendas enormes nos relacionamentos, deixando cada pessoa de um lado.

ARREPENDIMENTO

"Eu não vim chamar justos, mas pecadores ao arrependimento"
Lucas 5:32

O que passou não importa mais. Se o arrependimento bateu a porta do seu coração, não se torture, simplesmente peça a misericórdia do Alto e busque vida nova.

Muitas pessoas passam longo período da existência, amarguradas, cheias de autorreprovação, infelizes por causa do remorso.

Deus não quer o castigo de quem erra, mas o seu arrependimento, o seu retorno ao caminho do equilíbrio, pois só o amor é capaz de transformar os corações que vivem no erro.

Ficar se consumindo no arrependimento torturante não irá mudar o que ficou no passado. Todos nós erramos, contudo arrepender-se é bem diferente do que deter-se na culpa, que nada acrescenta de novo.

O arrependimento é porta que se abre, oportunizando a reflexão para que a renovação em nós aconteça de forma que possamos seguir em frente, sem paralisarmos a marcha em direção à libertação da consciência.

Arrepender-se não é culpar-se em definitivo.

É tão bom quando abrimos uma fresta para que o sol da esperança, anunciando um novo dia, entre em nossa casa, aquecendo nossos corações, como a dizer: "Ainda tem jeito". Arrependimento, sim! Culpa, não!

A culpa nos faz acreditar que não somos dignos do perdão, de nova oportunidade, que não merecemos a liberdade para a qual Jesus veio.

ESTÉTICA

"Mestre, sabemos que és íntegro e que ensinas o caminho de Deus conforme a verdade. Tu não te deixas influenciar por ninguém, porque não te prendes à aparência dos homens"

Mateus 22:16

Todo excesso leva ao desgaste.

É sabido que cuidar do corpo e da saúde ajuda a prevenir muitos males, mas há quem cuide somente do físico, paradoxalmente, provocando doenças na forma como se alimentam.

A pretexto de ter um corpo bonito e manter a estética, muitos acabam prejudicando a própria saúde.

O culto ao corpo se tornou atividade "obrigatória", como que ter uma aparência saudável fosse sinônimo de supervalorização do belo externo, enquanto a beleza interior parece ter ficado em segundo plano ou caído no esquecimento.

O bom é cuidar de ambos, do corpo e da alma.

Porém, de modo que um não interfira no outro, porque tudo que ultrapassa a linha divisória entre o equilíbrio e o exagero, tende a ter efeito contrário ao resultado esperado.

A estética corporal é importante, as pessoas querem e devem se sentir bem com a sua aparência. Até aí tudo certo! Entretanto, existe quem só pense no físico, enquanto que interiormente a "estética" emocional, psicológica e espiritual está abandonada.

Uma pessoa de boa aparência não reflete o seu real estado de espírito, muito embora quando está em sofrimento, a expressão do rosto e dos olhos não consigam mostrar o contrário. No entanto, quando há paz de espírito, todo corpo parece ter luz.

O DIVINO PSICÓLOGO

"Eu sou rei, para isso nasci, e para isso vim ao mundo, a fim de dar testemunho da verdade"

João 18:37

Ele chegou ao mundo sem os festejos alarmantes, assim como acontecia com o nascimento dos filhos dos nobres.

Na acomodação singela da pequena estrebaria e na humildade de um berço de palha, Ele recebera apenas três ilustres visitantes, vindos de muito longe, que lhe ofertaram como presente, ouro, incenso e mirra. Nada mais. Porque Ele não veio para ser servido, mas para servir. Não veio para aprender, mas para ensinar e não esperava conduta exemplar daqueles que o cercavam, mas era o próprio exemplo de amor, temperança, psicologia e espiritualidade.

Sabia como ninguém enxergar as profundezas do espírito humano, usando de tato psicológico com muito amor e firmeza, não para acusar a humanidade, sim instruí-la de modo fraterno e seguro.

Não revogou as leis da época, mas as cumpriu, dando a cada uma delas uma visão aberta e clara para o seu cumprimento.

Ele não era do mundo, mas o mundo o abrigou porque sabia que, após a passagem Dele, este mesmo mundo não seria como até então havia sido. Tudo se transformaria, como de fato acontece até os dias atuais. Os Seus pensamentos, palavras e orientações se perpetuam como código de conduta que nos aproxima de Deus.

Jesus Cristo é o Divino psicólogo a transformar a vida de muitos, inclusive daqueles que têm sede e fome de justiça, amor e paz.

VERDADEIRA AMIZADE

*"O amigo ama em todos os momentos;
é um irmão na adversidade"*

Provérbios 17:17

O relacionamento entre as pessoas tem se mostrado frio, mesmo com o calor humano de dedicados companheiros que promovem o bem, nas mais diferentes frentes de trabalho social, filosófico e religioso.

Muitos, quando se reúnem o fazem apenas para comer e beber, como se as relações de amizade se resumissem apenas à mesa farta, à diversão e a conversas vazias. Estamos carentes de uma conversa amiga, de um conselho, de uma palavra e de um abraço pelo simples fato de dá-los ou recebê-los, sem que haja outros interesses que não sejam o da verdadeira amizade. A sociedade quase como um todo parece estar anestesiada diante do que a vida moderna tem a oferecer, sem se dar conta de que o que vemos não é verdadeiro, é ilusão, efêmero.

Vários amigos que antes conviviam entre si em nome da amizade sem mescla, atualmente, se resumem em poucas pessoas, que podem ser chamadas de amizades verdadeiras.

A sociedade consumista e supérflua, transformou alguns indivíduos em pessoas vazias e sem aquele real sentimento da amizade sincera.

Onde estão os amigos de fato? Estão guardados do lado esquerdo do peito, como bem diz uma canção.

São aqueles que também reservam um lugar especial para você na vida deles. AMIGOS de verdade e não na superficialidade, como muitos acreditam ter.

DESAFIOS

"Vós sois a luz do mundo; não se pode esconder uma cidade edificada sobre o monte"

Mateus 5:14

Os desafios surgem para que sejamos colocados à prova no sentido de testar nossa resistência e capacidade em superá-los.

Não se sinta coma necessidade de provar algo a ninguém, a não ser a você, como forma de fazer valer a sua força interior. Recuar por medo ou vergonha é desperdiçar as oportunidades que a vida coloca em nosso caminho, para que possamos chegar a um lugar seguro, seja no campo pessoal, profissional, sentimental.

Há uma razão para cada um dos acontecimentos e deles tiramos lições enobrecedoras e fortalecedoras, se soubermos lidar com as situações, até mesmo as que aparentemente se mostrem desfavoráveis aos nossos anseios e necessidades.

Recordamos que Jesus não se deteve diante dos desafios que surgiram em seu caminho de luz, mas soube contorná-los de maneira que, naquele momento, eles não se interpusessem entre sua missão.

Enfrentar desafios é a melhor maneira de vencê-los, ainda que na primeira tentativa eles se mostrem maiores do que realmente são, mas não se deixe enganar porque estará apenas vendo-os com medo, e o medo

210

nos faz ver o que tememos com lentes de aumento.

Que brilhe a sua luz entre as nuvens escuras do sofrimento para que a alegria volte a raiar como o sol da esperança em sua vida.

Não se entregue ao desânimo porque sem determinação não conseguimos ir adiante.

LOBOS DISFARÇADOS

"Eis que eu vos envio como ovelhas para o meio de lobos; sede, portanto, prudentes como as serpentes e símplices como as pombas"
Mateus 10:16

Tome cuidado com as línguas maledicentes. Elas destilam veneno em forma de palavras, aparentemente inocentes, mas com uma dosagem de ironia.

Existem lobos disfarçados de ovelhas em meio ao rebanho. Estes são mais perigosos do que aqueles que não se escondem atrás de um disfarce, e ainda assim, demonstram ter mais dignidade que os traiçoeiros.

A expressão, embora seja forte, demonstra a realidade em que vivemos, nos vários setores e situações dos relacionamentos sociais.

Afeição, companheirismo, respeito e cuidado com o outro parece ter perdido valor e significado. Mas são apenas aparências, porque há pessoas sinceras, revestidas de bom caráter e amor, sem a "necessidade" de tornarem-se lobos para conquistarem o seu espaço entre os demais.

Uma das piores coisas é ser enganado. A traição é golpe que machuca muito, ainda mais quando vem de alguém do próprio grupo, seja no círculo de amigos ou familiares, de pessoas nas quais você depositou toda confiança, com quem se sentou à mesa, dividiu a mesma cama ou simplesmente tenha compartilhado a sua amizade e respeito.

Não perca, porém, a sua confiança no ser humano, mas cuide em saber a quem e em que confiar, porque no rebanho pode haver alguém com presas e garras afiadas, pronto para atacar.

FELICIDADE

"Como é feliz o homem que acha a sabedoria, o homem que obtém entendimento".

Provérbios 3:13

Felicidade é o resultado de um estado íntimo de equilíbrio, paz, satisfação e bem estar.

O conhecimento sobre si mesmo, o levará a realização pessoal, que fará com que aos poucos, descubra-se mais como pessoa, e neste autodescobrimento poderá "manipular" as próprias "fórmulas", que numa dosagem correta servirá para que possa ter uma vida feliz e duradoura.

A felicidade está ao alcance de todos, porém, cabe a cada um

215

descobrir o que o faz feliz, de que forma imagina para si a felicidade.

Para alguns, seria, por exemplo, poder comprar o carro do ano; para outros seria a conquista da pessoa amada. Estes e outros conceitos de felicidade podem até mesmo trazer momentos felizes, mas não concentram em si a real felicidade. Ela só poderá ser encontrada dentro e não fora de si.

Assim podemos concluir que uma pessoa não faz a outra feliz, porque felicidade mesmo é um estado de espírito, que pode ser compartilhada com outras pessoas, entretanto, não poderá ser transferida. Em suma, ninguém herda a felicidade do outro.

Às vezes a buscamos em lugares distantes quando na realidade ela pode estar ao alcance das nossas mãos, ou seja, dentro de nós. Valorizamos em excesso determinadas coisas ao imaginarmos que a nossa tão almejada felicidade se encontra nelas, entretanto não traduzem realmente o que é ser uma pessoa feliz.

PERDÃO

"Se o seu irmão pecar, repreenda-o e, se ele se arrepender, perdoe-lhe".

Lucas 17:3

Havia uma pessoa que carregava muita mágoa dentro de si, no dizer dela, detestava outra pessoa. No entanto, quanto mais ressentimento carregava em seu coração, mais presa àquela pessoa parecia ficar.

Saia para se distrair e lá estava o desafeto. E a mágoa só aumentava. Passado algum tempo, a pessoa que se sentiu ofendida começou a ter problemas cardíacos e, consequentemente, experimentando um período de depressão.

Fez uma série de exames que constataram não haver nada de errado. Surgiram as angústias, as fobias, a irritação e o cansaço físico.

Sessões com o analista até aquele momento não conseguiram tirá-la daquele estado.

Num certo dia, estando acamada, recebeu a contra gosto a visita da pessoa a quem dizia detestar. A visitante então iniciou a conversa, dizendo que estava preocupada com o seu estado de saúde, que desejava falar-lhe antes, mas não tinha coragem de vez que a rancorosa sempre franzia o cenho e virava o rosto.

E emocionada, a visitante pediu-lhe que a perdoasse, dizendo ainda, que tinha errado sim, que usara as palavras erradas. Então, pedia-lhe perdão.

A pessoa doente, fragilizada, se deixou tocar com as suas palavras, e choraram juntas. Vencido os ranços e o orgulho, perdoou. Os laços da amizade foram reatados. No dia seguinte ela já se encontrava melhor, o coração não dava mais aquelas "pontadas"; sua expressão se modificou e ela voltou a sorrir. A paz prevaleceu. Então, vamos perdoar?!

SINAIS

"(...) e haverá terremotos em diversos lugares, e haverá fomes e tribulações. Estas coisas são os princípios das dores".

Marcos 13:8

Desde os tempos mais remotos da história da humanidade, as catástrofes sempre estiveram presentes. Contudo, elas assinalavam o fim de um período ou de algo pelo seu poder de destruição, não o fim dos tempos. Nos dias atuais, há um grande número de acontecimentos provocados pela natureza, como um chamado à conscientização ante a gravidade do momento por que atravessa o mundo moderno.

Não há mais espaço para a corrupção, independente da esfera em que ela se encontra. Existe muita gente vivendo com pouco, mas com dignidade.

Não há mais lugar para as guerras entre nações. O mundo precisa viver a fraternidade.

Nós nos encontramos no limiar de um novo tempo onde todo sistema de domínio e poder será colocado em cheque. Há milênios estamos sendo convidados à mudança de valores; Jesus não veio ao mundo para pregar uma nova filosofia de vida apenas, mas para nos voltarmos ao Bem, e vivenciá-lo.

"Quem tiver olhos verá". Assinala o evangelho. Por isso estamos há pouco tempo de vislumbramos algo muito maior, porque o nosso prazo já está acabando... O Cristo está no comando, e a implantação da Nova Era aguarda a Sua autorização. E assim, tanto a política quanto às religiões e a sociedade mundial precisam se adequar à vivência dos postulados da verdadeira fraternidade.

O nosso livre arbítrio chegará ao fim, quando este novo estado de coisas surgir no horizonte. Oremos.